AF199415

Impressum
Verlag: BABADADA GmbH, Nedderfeld 112 , 22529 Hamburg
Geschäftsführer / Verlagsleitung: Harald Hof
Druck: Books on Demand GmbH, In de Tarpen 42, 22848 Norderstedt

Imprint
Publisher: BABADADA GmbH, Nedderfeld 112 , 22529 Hamburg, Germany
Managing Director / Publishing direction: Harald Hof
Print: Books on Demand GmbH, In de Tarpen 42, 22848 Norderstedt

sekolah

škola

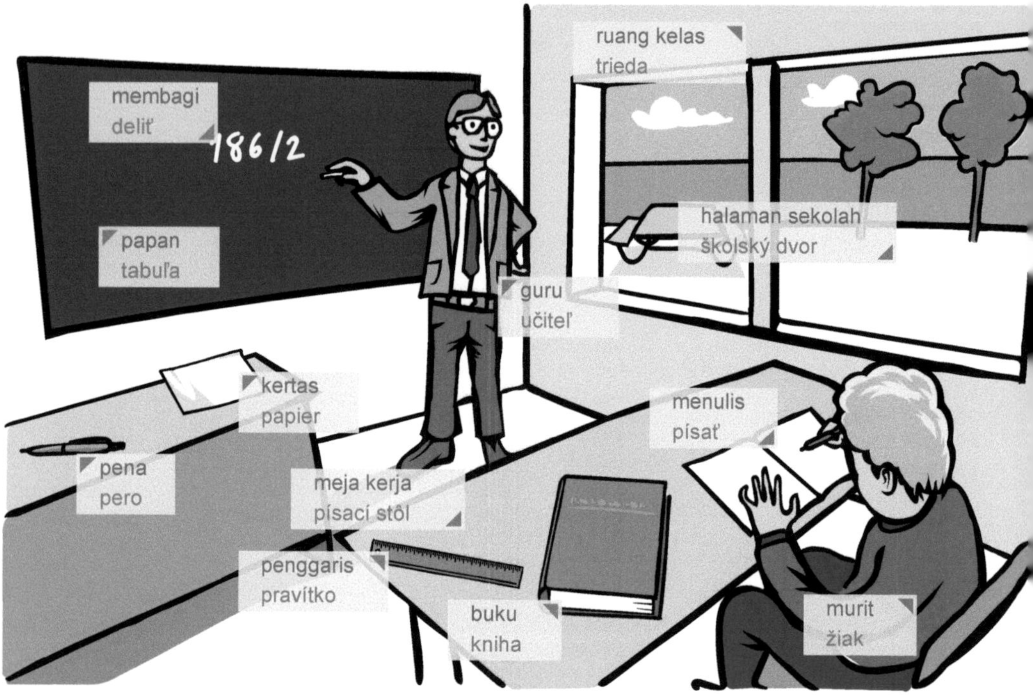
ruang kelas
trieda
membagi
deliť
186/2
papan
tabuľa
halaman sekolah
školský dvor
guru
učiteľ
kertas
papier
menulis
písať
pena
pero
meja kerja
písací stôl
penggaris
pravítko
buku
kniha
murit
žiak

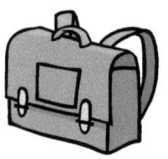

tas sekolah

školská taška

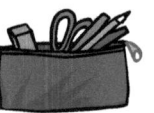

tempat pensil

peračník

pensil

ceruza

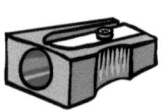

pengasah pensil

strúhadlo na ceruzky

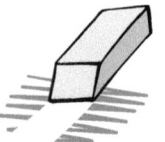

penghapus

guma

kertas gambar

skicár

gambar

kresba

kuas

štetec

kotak cat

vodové farby

gunting

nožnice

lem

lepidlo

buku latihan

cvičný zošit

pekerjaan rumah

domáca úloha

angka

číslo

tambhakan

sčítať

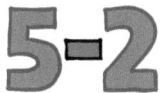

mengurangi

odčítať

mengalikan

násobiť

menghitung

počítať

huruf

písmeno

alfabet

abeceda

kata

slovo

teks

text

membaca

čítať

kapur

krieda

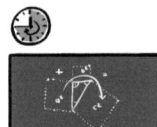

pelajaran

hodina

daftar

triedna kniha

ujian

skúška

sertifikat

certifikát

seragam sekolah

školská uniforma

pendidikan

vzdelanie

ensiklopedi

encyklopédia

universitas

univerzita

mikroskop

mikroskop

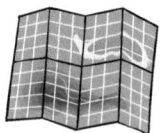

peta

mapa

tempat sampah

kôš na papier

perjalanan

cesta

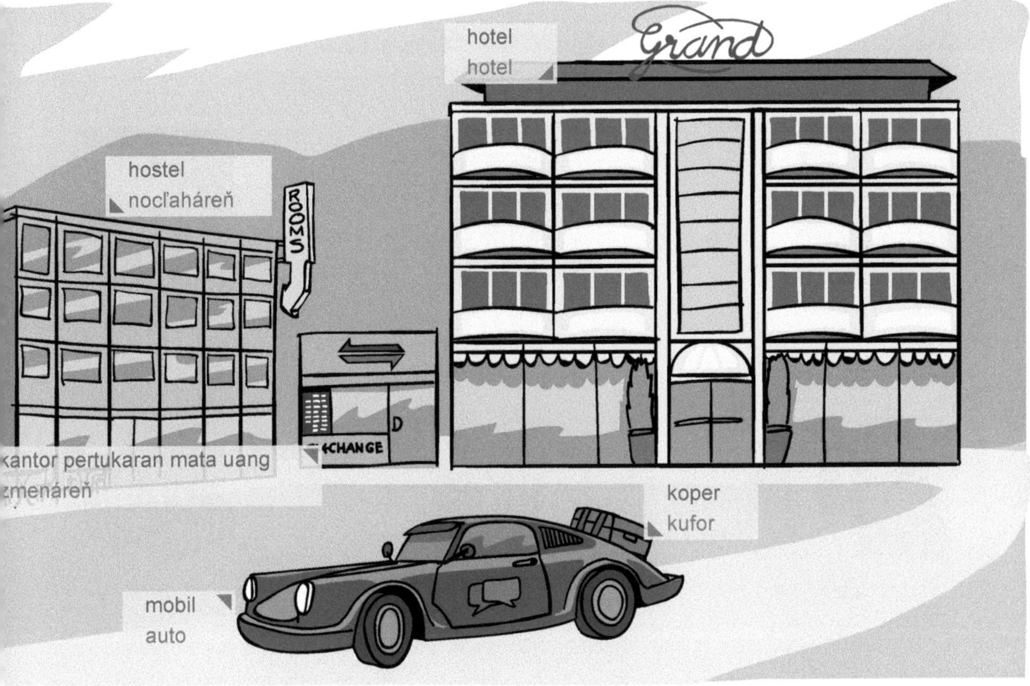
Grand
hotel
hotel
hostel
nocľaháreň
ROOMS
EXCHANGE
kantor pertukaran mata uang
zmenáreň
koper
kufor
mobil
auto

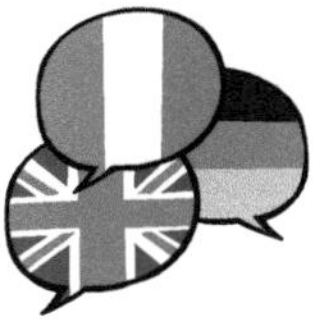

bahasa

jazyk

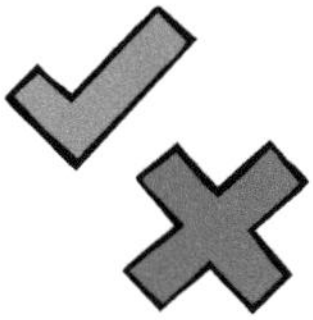

ya / tidak

áno/nie

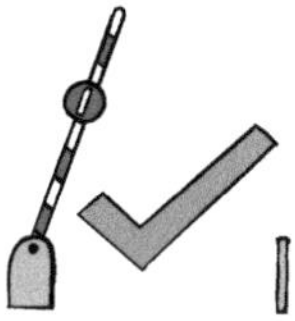

okay

v poriadku

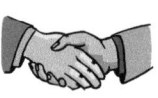

hallo

ahoj

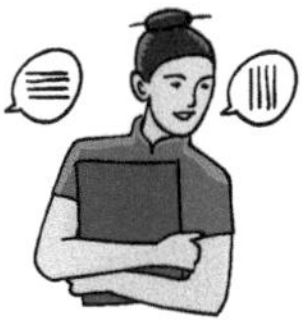

penerjemah

prekladateľ

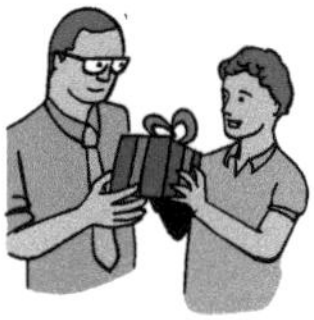

terima kasih

ďakujem

Berapa harganya...?

Koľko stojí ... ?

saya tidak mengerti

Nerozumiem

masalah

problém

Selamat malam!

Dobrý večer!

Selamat siang!

Dobré ráno!

Selamat tidur!

Dobrú noc!

sampai jumpa

Dovidenia

arah

smer

bagasi

batožina

tas

taška

ransel

batoh

tamu

hosť

ruang

izba

kantong tidur

spacák

tenda

stan

perjalanan - cesta

informasi wisata

informácie pre turistov

pantai

pláž

kartu kredit

kreditná karta

sarapan

raňajky

makan siang

obed

makan malam

večera

tiket

cestovný lístok

elevator

výťah

perangko

poštová známka

perbatasan

hranica

cukai

clo

kedutaan

veľvyslanectvo

visa

vízum

paspor

cestovný pas

transportasi

doprava

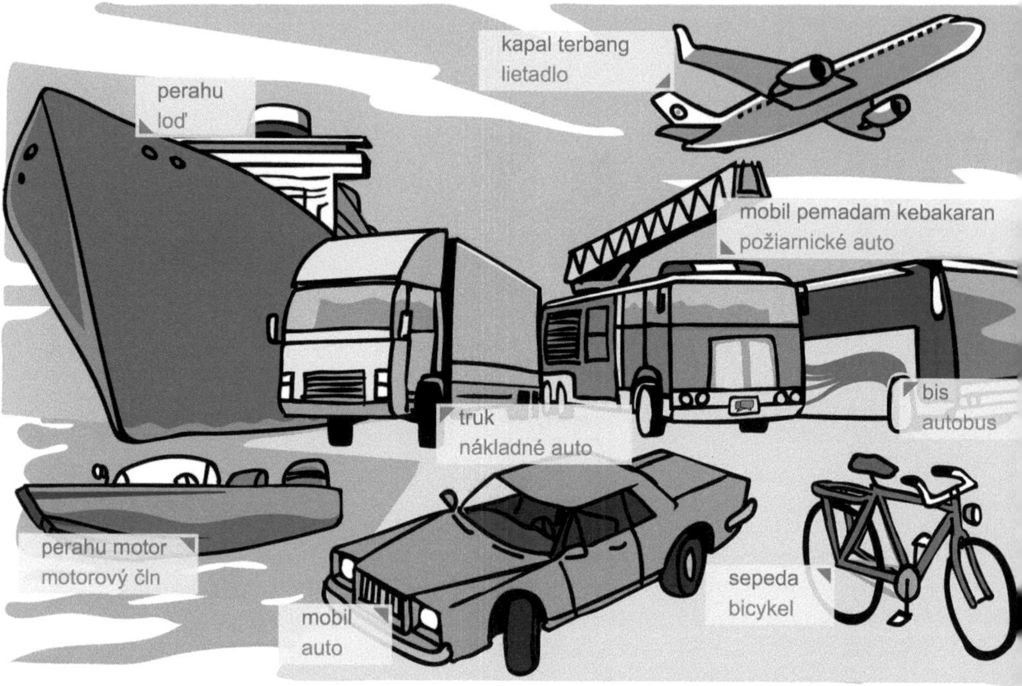

kapal terbang
lietadlo
perahu
loď
mobil pemadam kebakaran
požiarnické auto
truk
nákladné auto
bis
autobus
perahu motor
motorový čln
sepeda
bicykel
mobil
auto

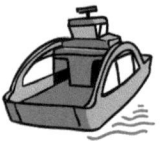

feri

trajekt

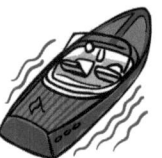

perahu

loď

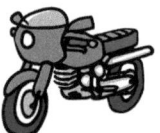

sepeda motor

motorka

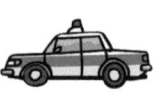

mobil polisi

policajné auto

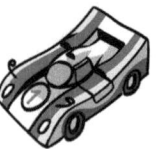

mobil balapan

pretekárske auto

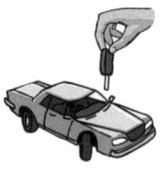

mobil sewa

vozidlo z požičovne

berbagi mobil

carsharing

truk derek

odťahové auto

truk sampah

smetiarske auto

motor

motor

bahan bakar

benzín

bensin

čerpacia stanica

tanda lalulintas

dopravná značka

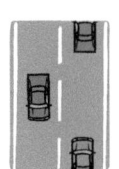

lalulintas

premávka

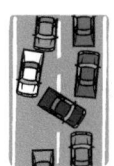

macet

zápcha

parkir mobil

parkovisko

stasiun kereta

vlaková stanica

trek

trate

kereta api

vlak

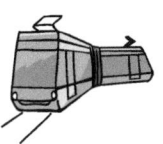

tram

električka

gerobak

vagón

helikopter

helikoptéra

bendara

letisko

menara

veža

penumpang

pasažier

container

kontajner

karton

kartón

troli

vozík

keranjang

kôš

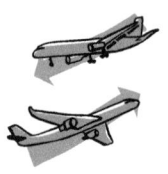

berangkat / mendarat

štartovať / pristáť

kota

mesto

desa

dedina

pusat kota

centrum mesta

rumah

dom

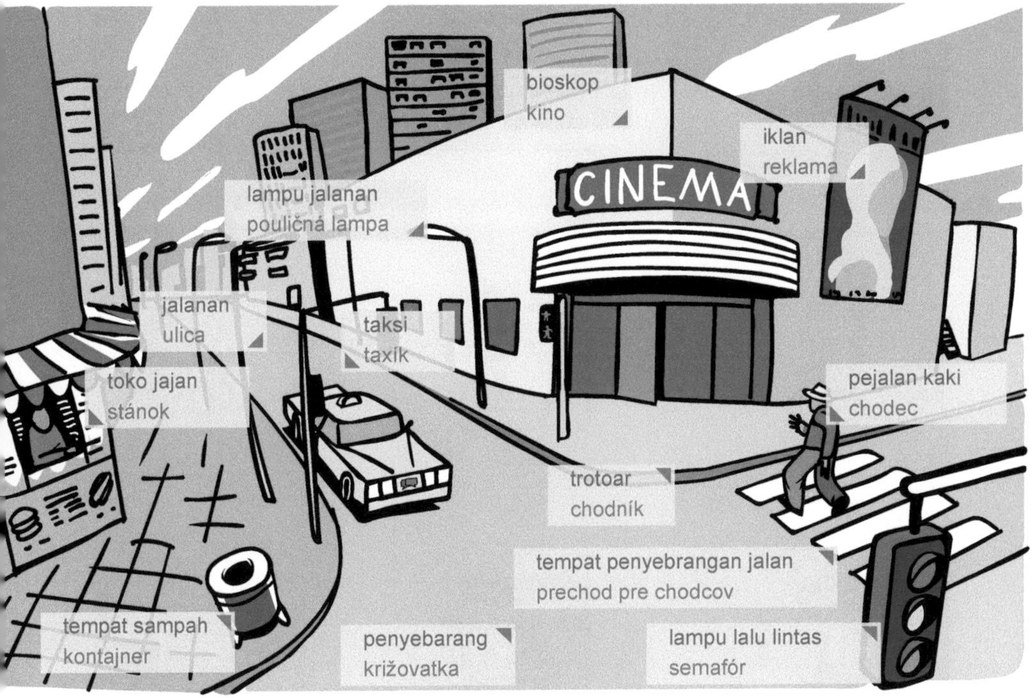

bioskop
kino

iklan
reklama

lampu jalanan
pouličná lampa

jalanan
ulica

taksi
taxík

toko jajan
stánok

pejalan kaki
chodec

trotoar
chodník

tempat penyebrangan jalan
prechod pre chodcov

tempat sampah
kontajner

penyebarang
križovatka

lampu lalu lintas
semafór

CINEMA

gubuk
chata

rumah flat
byt

stasiun kereta
vlaková stanica

balai kota
radnica

museum
múzeum

sekolah
škola

kota - mesto

11

universitas

univerzita

bank

banka

rumah sakit

nemocnica

hotel

hotel

farmasi

lekáreň

kantor

kancelária

toko buku

kníhkupectvo

toko

obchod

toko bunga

kvetinárstvo

supermarket

supermarket

pasar

trh

toko serba ada

obchodný dom

nelayan

obchodník s rybami

pusat belanja

nákupné stredisko

pelabuhan

prístav

kota - mesto

taman
park

banku
lavička

jembatan
most

tangga
schody

kereta bawah tanah
metro

terowongan
tunel

pemberhantian bis
autobusová zastávka

bar
bar

restauran
reštaurácia

kotak surat
poštová schránka

tanda jalan
tabuľa s názvom ulice

meteran parkir
parkovacie hodiny

kebun binatang
ZOO

kolam renang
plaváreň

mesjid
mešita

pertanian
farma

polusi
znečisťovanie životného prostredia

kuburan
cintorín

gereja
kostol

tempat bermain
ihrisko

pura
chrám

pemandangan
terén

daun
list

penunjuk arah
smerová tabuľa

jalanan
cesta

padang rumput
lúka

batu
kameň

pohon
strom

pejalak kaki
turista

sungai
rieka

rumput
tráva

bunga
kvet

lembah

dolina

bukit

kopec

danau

jazero

hutan

les

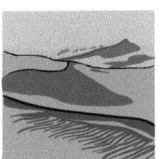

padang gurun

púšť

gunung berapi

vulkán

istana

zámok

pelangi

dúha

jamur

hríb

pohon palem

palma

nyamuk

komár

lalat

mucha

semut

mravec

lebah

včela

laba-laba

pavúk

kumbang

chrobák

kodok

žaba

tupai

veverička

landak

jež

kelinci

zajac

burung hantu

sova

burung

vták

angsa

labuť

babi jantan

diviak

rusa

jeleň

rusa

los

bendungan

hrádza

turbin angin

veterná turbína

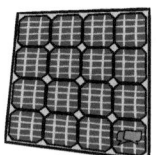

panel surya

solárny panel

iklim

podnebie

restauran
reštaurácia

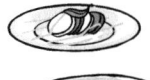

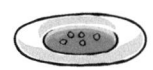

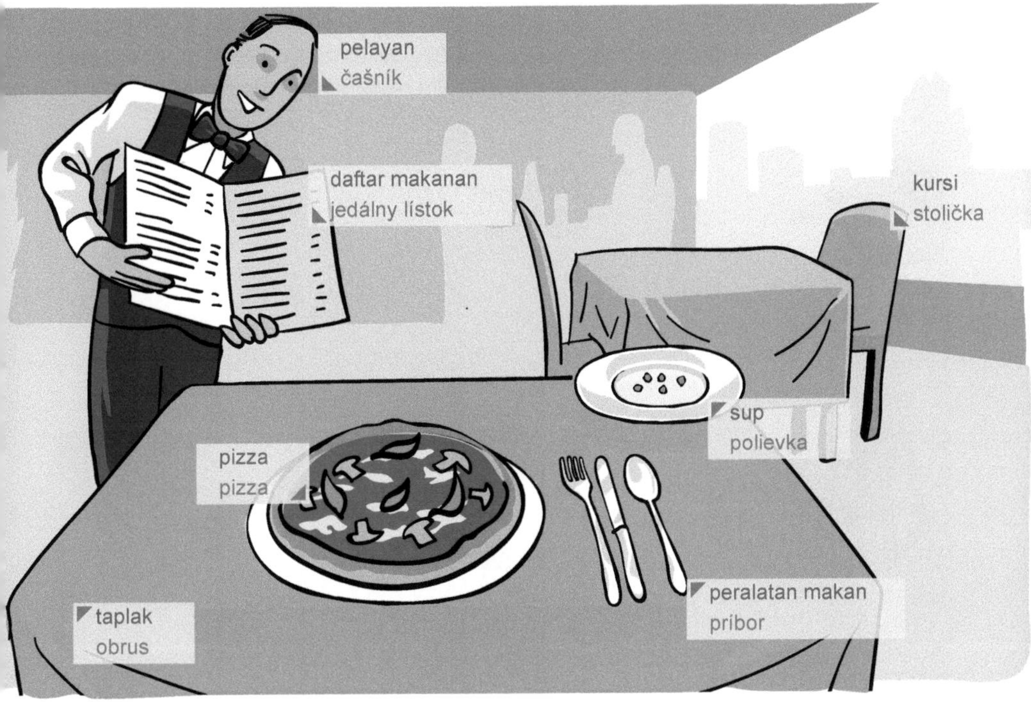
pelayan
čašník
daftar makanan
jedálny lístok
kursi
stolička
sup
polievka
pizza
pizza
peralatan makan
príbor
taplak
obrus

hindangan pembuka
predjedlo

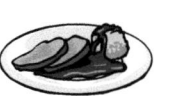

hidangan utama
hlavné jedlo

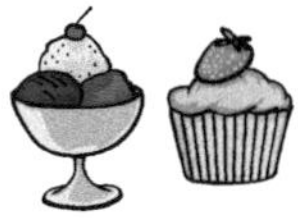

hidangan penutup
zákusok

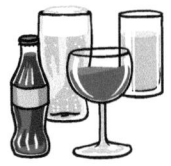

minuman
nápoje

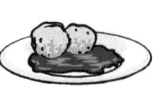

makanan
jedlo

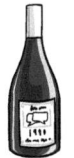

botol
fľaša

fastfood

fast-food

masakan jalanan

street food

teko teh

kanvica na čaj

kaleng gula

cukornička

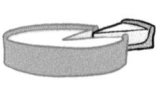

porsi

porcia

mesin espresso

stroj na espresso

kursi tinggi

detská stolička

tagihan

účet

baki

podnos

pisau

nôž

garpu

vidlička

sendok

lyžica

sendok teh

čajová lyžička

serbet

obrúsok

gelas

pohár

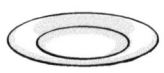

piring
tanier

piring sup
hlboký tanier

lepek
podšálka

saus
omáčka

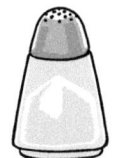

tempat garam
soľnička

gilingan merica
mlynček na korenie

cuka
ocot

minyak
olej

bumbu
korenie

saus tomat
kečup

mustar
horčica

mayones
majonéza

supermarket
supermarket

penawaran khusus
špeciálna ponuka
klien
klient
FOR
produk susu
mliečne výrobky
buah
ovocie
troli
nákupný vozík

BUTCHERS

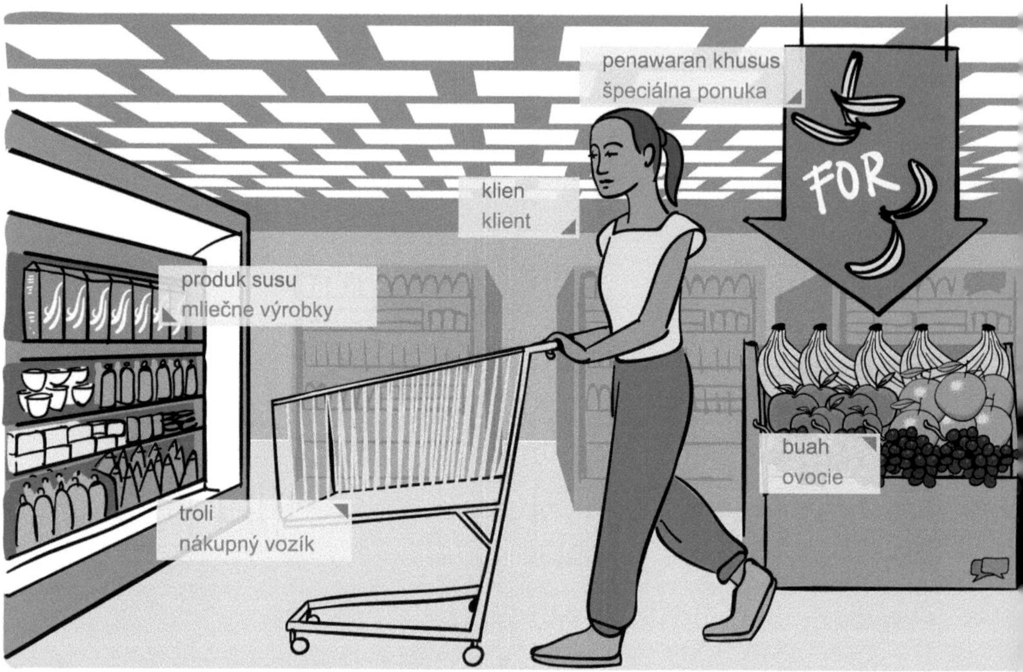

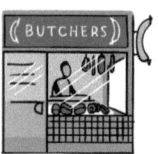

pembantai

mäsiarstvo

BAKERY

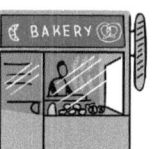

toko roti

pekáreň

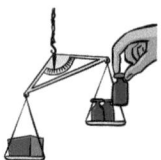

menimbang

vážiť

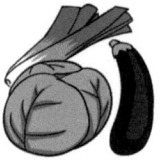

sayur

zelenina

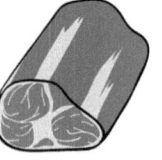

daging

mäso

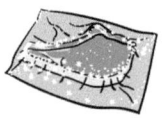

makanan beku

mrazené potraviny

pemotongan dingin

nárez

makanan kaleng

konzervy

sabun serbuk

prací prostriedok

permen

sladkosti

alat-alat rumah tangga

domáce potreby

obat pembersihan

čistiace prostriedky

penjual

predavačka

kasa

pokladňa

kasir

pokladník

daftar belanja

nákupný zoznam

jam buka

otváracie hodiny

dompet

peňaženka

kartu kredit

kreditná karta

tas

taška

kantong plastik

plastové vrecko

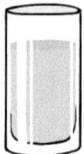

air

voda

jus

džús

susu

mlieko

cola

kola

anggur

víno

bir

pivo

alkohol

alkohol

coklat

kakao

teh

čaj

kopi

káva

espresso

espresso

cappucino

kapučíno

pisang

banán

apel

jablko

jeruk

pomaranč

semangka

melón

jeruk lemon

citrón

wortel

mrkva

bawang putih

cesnak

bambu

bambus

bawang bombai

cibuľa

jamur

hríb

kacang

orechy

mi

rezance

spagetti

špagety

nasi

ryža

salat

šalát

kentang goreng

hranolky

kentang goreng

pečené zemiaky

pizza

pizza

hamburger

hamburger

sandwich

obložený chlebík

sayatan

rezeň

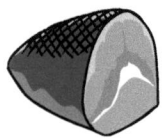

ham

šunka

salami

saláma

sosis

klobása

ayam

kurča

menggoreng

pečené mäso

ikan

ryba

bubur gandum

ovsené vločky

sereal

müsli

cornflakes

kukuričné lupienky

tepung

múka

croissant

croissant

roti

pečivo

roti

chlieb

toast

hrianka

biskuit

sušienky

mentega

maslo

dadih

tvaroh

kue

koláč

telur

vajce

telur goreng

volské oko

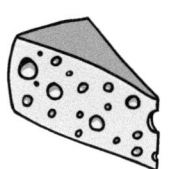

keju

syr

eskrim

zmrzlina

gula

cukor

madu

med

selai

lekvár

krim nugat

nugátová nátierka

kare

karí korenie

pertanian
farma

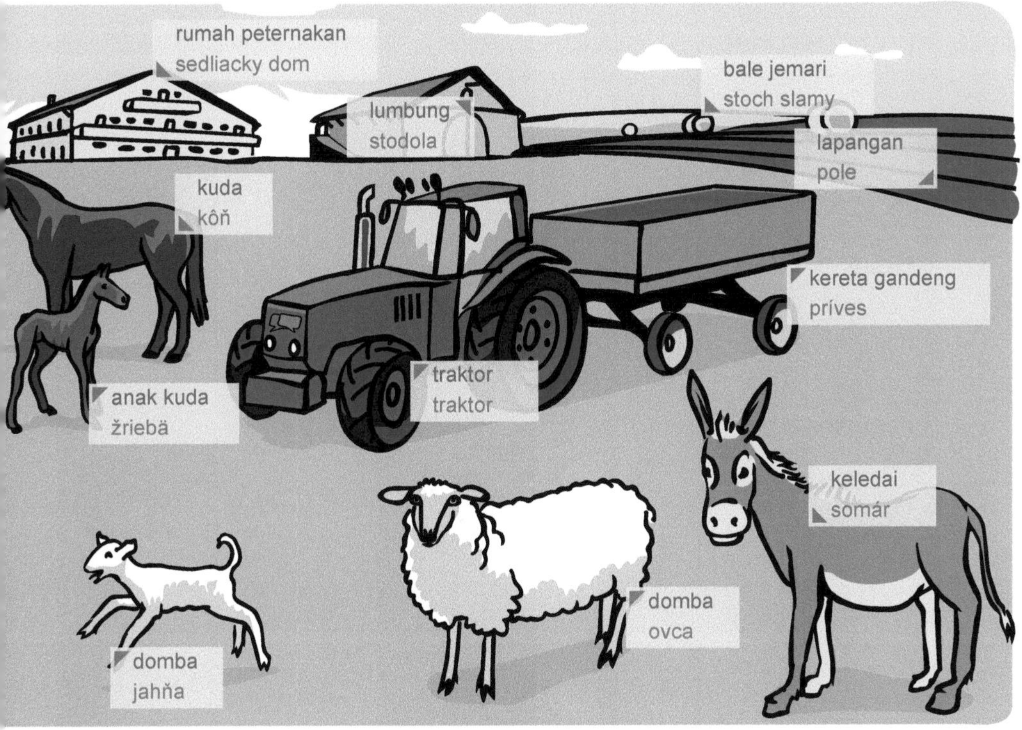

rumah peternakan
sedliacky dom
lumbung
stodola
bale jemari
stoch slamy
lapangan
pole
kuda
kôň
kereta gandeng
príves
anak kuda
žriebä
traktor
traktor
keledai
somár
domba
ovca
domba
jahňa

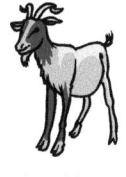

kambing
koza

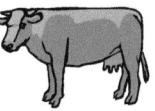

sapi
krava

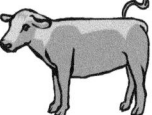

betis
teľa

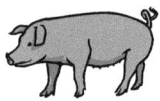

babi
prasa

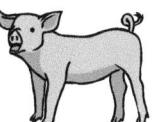

celeng
prasiatko

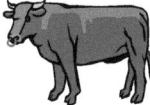

banteng
býk

angsa

hus

bebek

kačica

anak ayam

kuriatko

ayam

sliepka

ayam jantan

kohút

tikus

potkan

kucing

mačka

tikus

myš

lembu

vôl

anjing

pes

rumah anjing

psia búda

selang

záhradná hadica

penyiram

krhla

sabit

kosa

bajak

pluh

sabit
kosák

cangkul
motyka

garpu rumput
vidly na hnoj

kapak
sekera

gerobak
fúrik

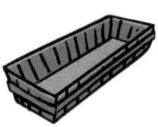

palung
koryto

kaleng susu
kanva na mlieko

karung
vrece

pagar
plot

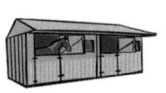

kandang
maštaľ

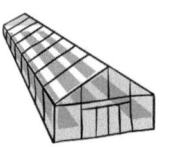

rumah kaca
skleník

tanah
pôda

benih
osivo

pupuk
hnojivo

mesin pemanen
kombajn

panen

žať

panen

žatva

yams

batát

gandum

pšenica

kedelai

sója

kentang

zemiak

jagung

kukurica

lobak

repka

pohon buah

ovocný strom

singkong

maniok

sereal

obilie

pertanian - farma

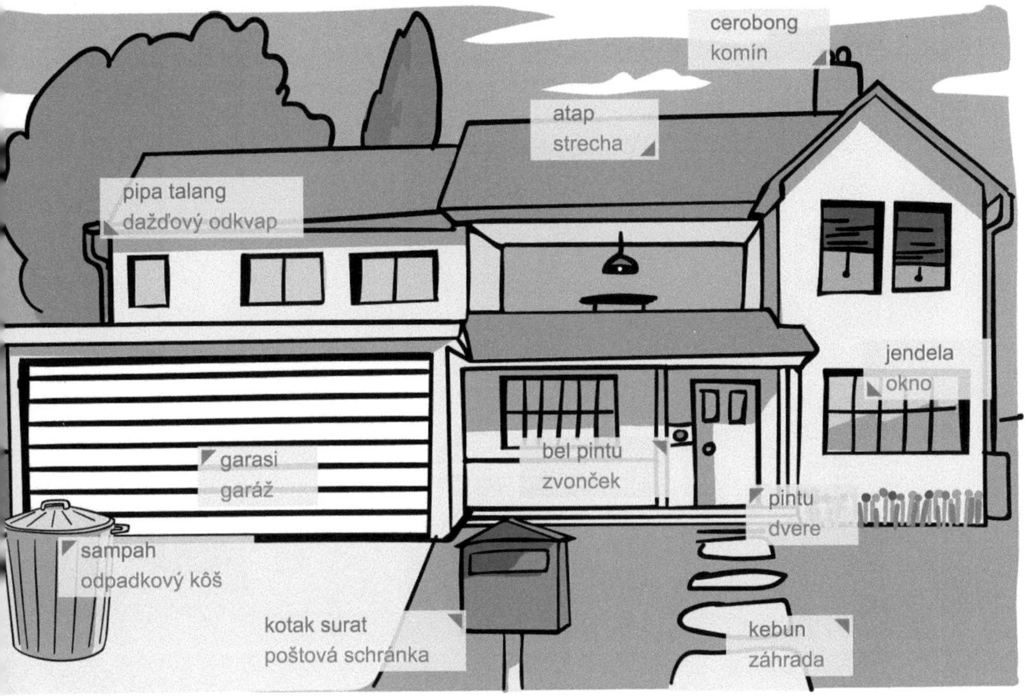

cerobong
komín

atap
strecha

pipa talang
dažďový odkvap

jendela
okno

garasi
garáž

bel pintu
zvonček

pintu
dvere

sampah
odpadkový kôš

kotak surat
poštová schránka

kebun
záhrada

ruang tamu

obývačka

kamar mandi

kúpeľňa

dapur

kuchyňa

kamar tidur

spálňa

kamar anak

detská izba

kamar makan

jedáleň

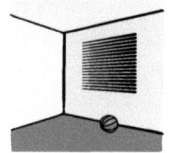

lantai

podlaha

tembok

stena

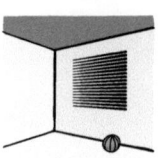

atap

strop

gudang di bawah tanah

pivnica

sauna

sauna

balkon

balkón

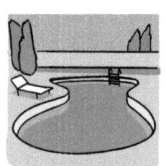

teras

terasa

kolam renang

bazén

mesin pemotong rumput

kosačka

sprei

obliečka

selimut

posteľná prikrývka

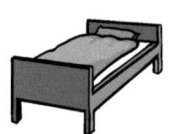

tempat tidur

posteľ

sapu

metla

ember

vedro

tombol

vypínač

ruang tamu
obývačka

kertas dinding
tapeta
gambar
obraz
lampu
lampa
rak
regál
kabinet
skriňa
televisi
televízor
perapian
kozub
bunga
kvet
bantal
vankúš
sofa
pohovka
vas
váza
remote control
diaľkové ovládanie

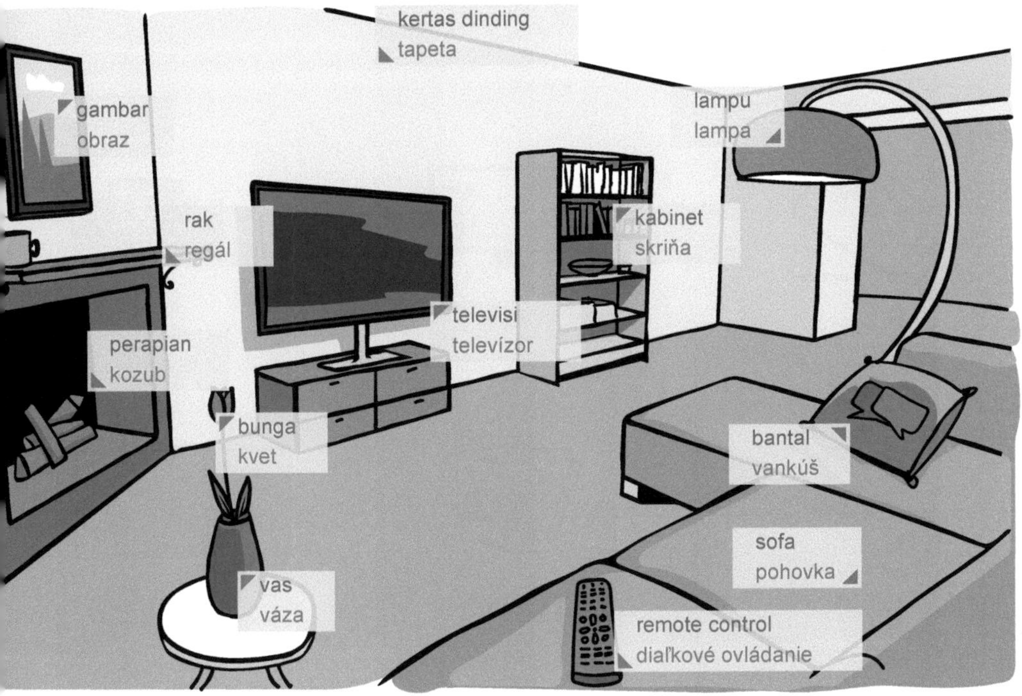

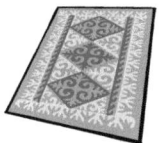

karpet

koberec

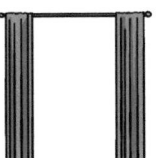

korden

záclona

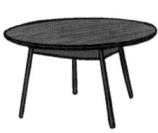

meja

stôl

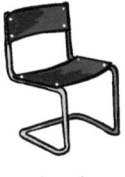

kursi

stolička

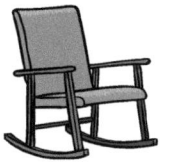

kursi goyang

hojdacie kreslo

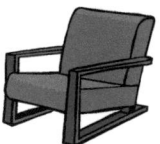

kursi malas

kreslo

buku

kniha

selimut

prikrývka

dekorasi

dekorácia

kayu bakar

drevo na kúrenie

filem

film

hi-fi

hi-fi veža

kunci

kľúč

koran

noviny

lukisan

maľba

poster

plagát

radio

rádio

buku tulis

zápisník

penyedot debu

vysávač

kaktus

kaktus

lilin

sviečka

dapur
kuchyňa

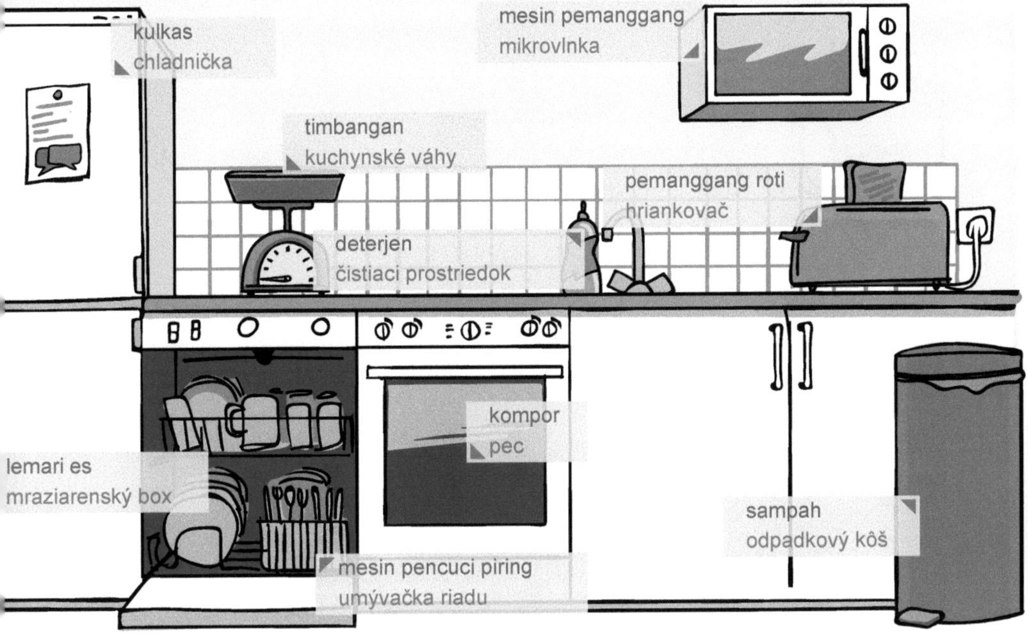

kulkas
chladnička
mesin pemanggang
mikrovlnka
timbangan
kuchynské váhy
pemanggang roti
hriankovač
deterjen
čistiaci prostriedok
kompor
pec
lemari es
mraziarenský box
sampah
odpadkový kôš
mesin pencuci piring
umývačka riadu

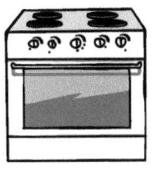

kompor

sporák

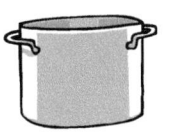

panci

hrniec

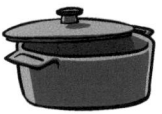

panci besi

železný hrniec

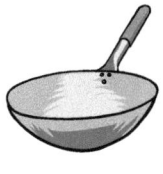

wajan

wok / kadai

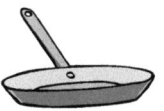

panci

panvica

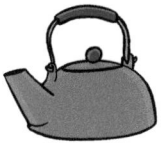

pemanas air

rýchlovarná kanvica

panci pengukus makanan

parný hrniec

nampan

plech na pečenie

piring

riad

cangkir

pohár

mangkok

misa

sumpit

paličky

sendok sup

naberačka na polievku

sudip

stierka

mengocok

metlička

saringan

cedidlo

saringan

sitko

parutan

strúhadlo

mortir

mažiar

barbeque

gril

api terbuka

ohnisko

papan memotong

doska na krájanie

gilingan

valček na cesto

alat pembuka botol

vývrtka

kaleng

konzerva

pembuka kaleng

otvárač na konzervy

pegangan panci

chňapka

wastafel

výlevka

sikat

kefa

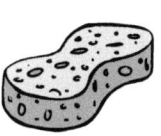

busa

hubka

mesin pencampur

mixér

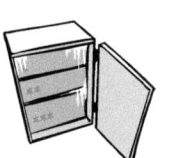

lemari es

mraznička

botol bayi

kojenecká fľaša

keran

vodovodný kohútik

kamar mandi
kúpeľňa

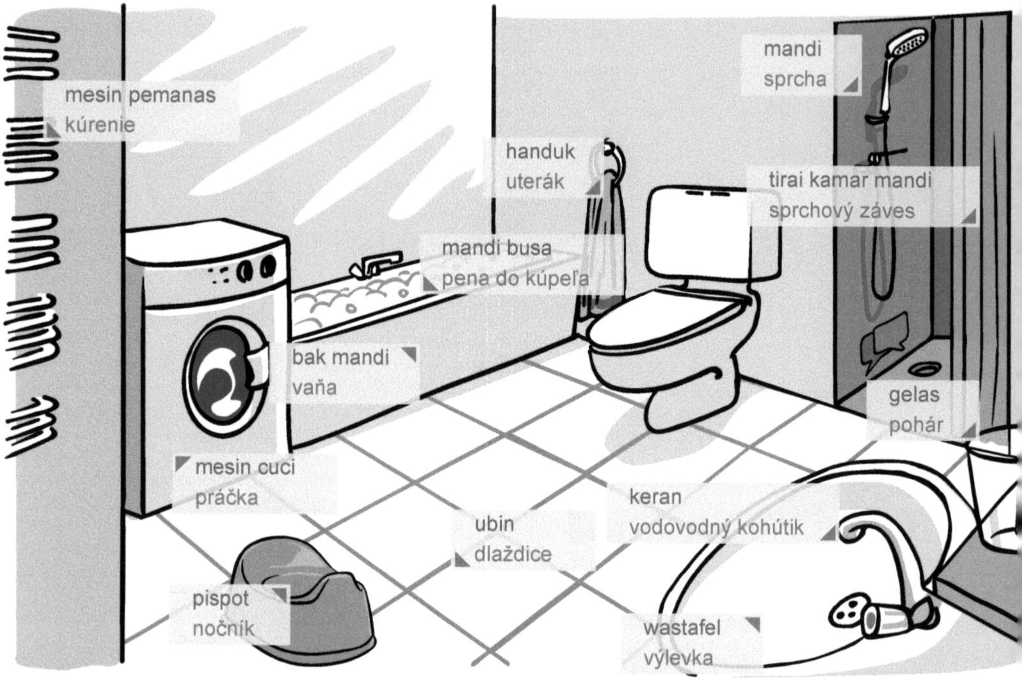
mesin pemanas
kúrenie
handuk
uterák
mandi
sprcha
tirai kamar mandi
sprchový záves
mandi busa
pena do kúpeľa
bak mandi
vaňa
gelas
pohár
mesin cuci
práčka
keran
vodovodný kohútik
ubin
dlaždice
pispot
nočník
wastafel
výlevka

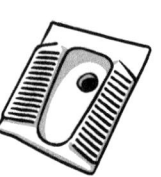

toilet

záchod

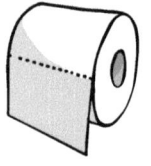

toilet jongkok

suchý záchod

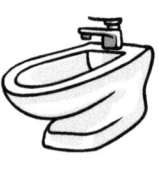

bidet

bidet

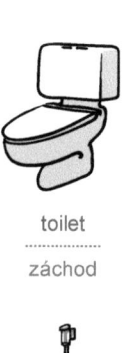

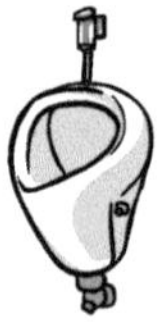

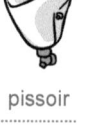

pissoir

pisoár

kertas toilet

toaletný papier

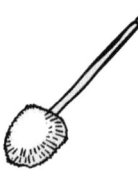

sikat toilet

záchodová kefa

sikat gigi

zubná kefka

pasta gigi

zubná pasta

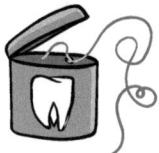

benang gigi

dentálna niť

menyuci

umývať

pancuran tangan

ručná sprcha

pancuran

sprcha pre intímnu hygienu

bak

umývadlo

sikat punggung

kefa na chrbát

sabun

mydlo

gel mandi

sprchový gél

sampo

šampón

planel

frotírová rukavica

kuras

odtok

krim

krém

deodoran

dezodorant

kaca

zrkadlo

cermin tangan

kozmetické zrkadlo

pisau cukur

žiletka

busa cukur

pena na holenie

aftershave

voda po holení

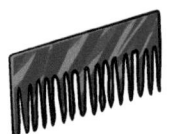

sisir

hrebeň

sikat

kefa

alat pengering rambut

sušič vlasov

semprot rambut

sprej na vlasy

makeup

make-up

lipstik

rúž

cat kuku

lak na nechty

kapas

vata

gunting kuku

nožnice na nechty

minyak wangi

parfum

kantong pencuci

kozmetická taška

bangku

stolček

timbangan

váha

mantel mandi

kúpací plášť

sarung tangan karet

gumové rukavice

tampon

tampón

handuk pembalut

menštruačná vložka

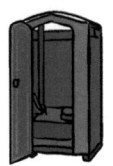

toilet kimia

chemické WC

kamar anak
detská izba

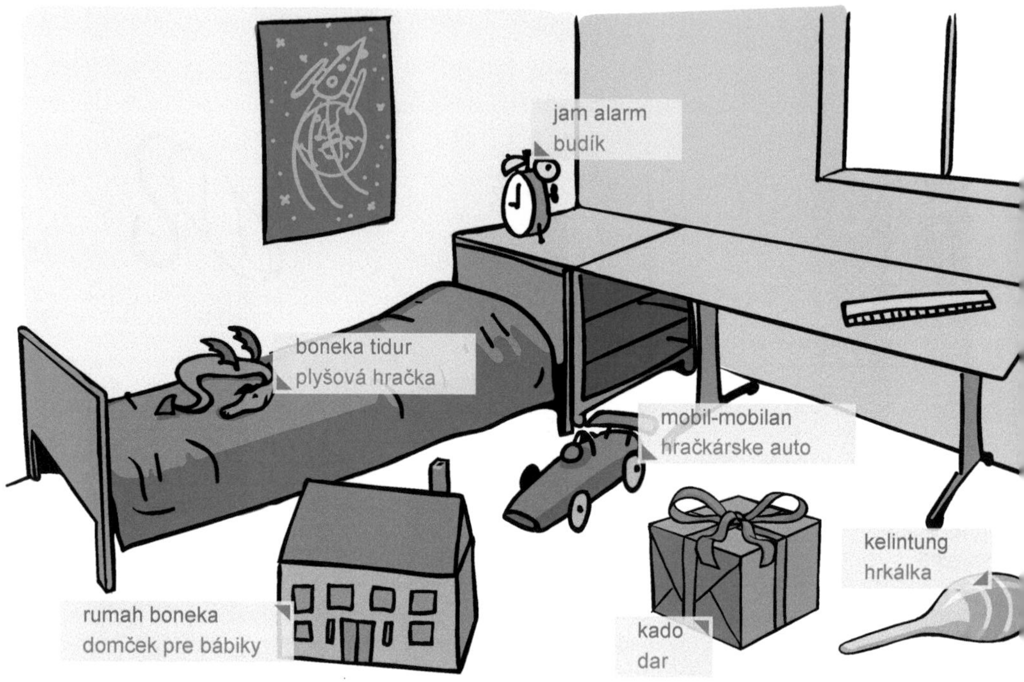
jam alarm
budík
boneka tidur
plyšová hračka
mobil-mobilan
hračkárske auto
kelintung
hrkálka
rumah boneka
domček pre bábiky
kado
dar

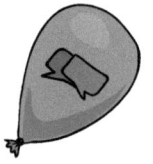

balon
balón

tempat tidur
posteľ

kereta bayi
detský kočík

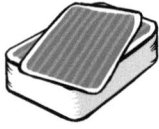

mainan kartu
karty

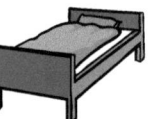

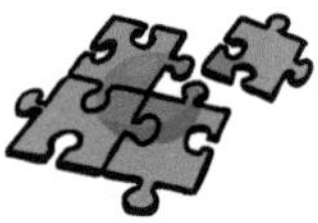

teka-teki
puzzle

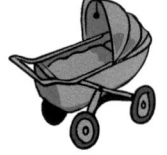

komik
komix

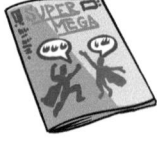

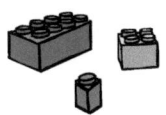

mainan lego

skladačka lego

blok mainan

stavebnica

figur aksi

akčná postavička

baju monyet

dupačky

frisbee

lietajúci tanier

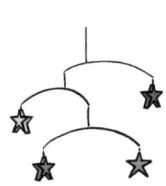

mobile

závesné hračky

permainan papan

stolová hra

dadu

kocka

set model kreta api

modelový vláčik

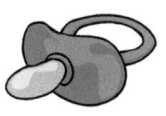

dot

cumlík

pesta

párty

buku gambar

obrázková kniha

bola

lopta

boneka

bábika

bermain

hrať sa

tempat main pasir

pieskovisko

ayunan

hojdačka

mainan

hračky

video game konsol

hracia konzola

sepeda roda tiga

trojkolka

teddy

medvedík

lemari pakaian

šatník

pakaian
šatstvo

kaos kaki

ponožky

kaos kaki

pančuchy

baju ketat

pančuchové nohavičky

syal
šál

sabuk
opasok

payung
dáždnik

kaos
tričko

sepatu bot
čižmy

sandal
papuče

sepatu
tenisky

sandal	sepatu	sepatu bot karet
sandále	topánky	gumáky

celana dalam	BH	baju rompi
spodky	podprsenka	tielko

body
body

celana
nohavice

jeans
džínsy

rok
sukňa

blus
blúzka

kemeja
košeľa

aket berkerudung
pulóver

sweater
sveter

jaket
blejzer

jaket
bunda

mantel
kabát

jas hujan
pršiplášť

kostum
kostým

gaun
šaty

gaun pengantin
svadobné šaty

setelan resmi
oblek

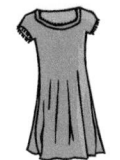

gaun tidur
nočná košeľa

piyama
pyžamo

sari
sari

jilbab
šatka na hlavu

turban
turban

burka
burka

kaftan
kaftan

abaya
abaja

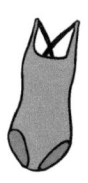

pakaian renang
dvojdielne plavky

celana renang
plavky

celana pendek
šortky

olah raga
tepláková súprava

celemek
zástera

sarung tangan
rukavice

kancing

gombík

kacamata

okuliare

gelang

náramok

kalung

retiazka

cincin

prsteň

anting

náušnica

topi

čiapka

gantungan mantel

vešiak

topi

klobúk

dasi

kravata

ritsleting

zips

helm

prilba

tali selempang

traky

seragam sekolah

školská uniforma

seragam

uniforma

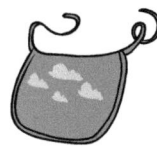

oto

podbradník

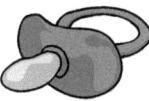

dot

cumlík

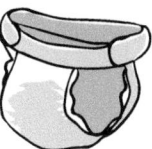

popok

plienka

kantor

kancelária

server
server
lemari arsip
skriňa na spisy
kertas
papier
pencetak
tlačiareň
layar
monitor
mouse komputer
myš
meja kerja
písací stôl
tempat pengarsipan
zakladač
papan tombol
klávesnica
kursi
stolička
tempat sampah
kôš na papier
computer
počítač

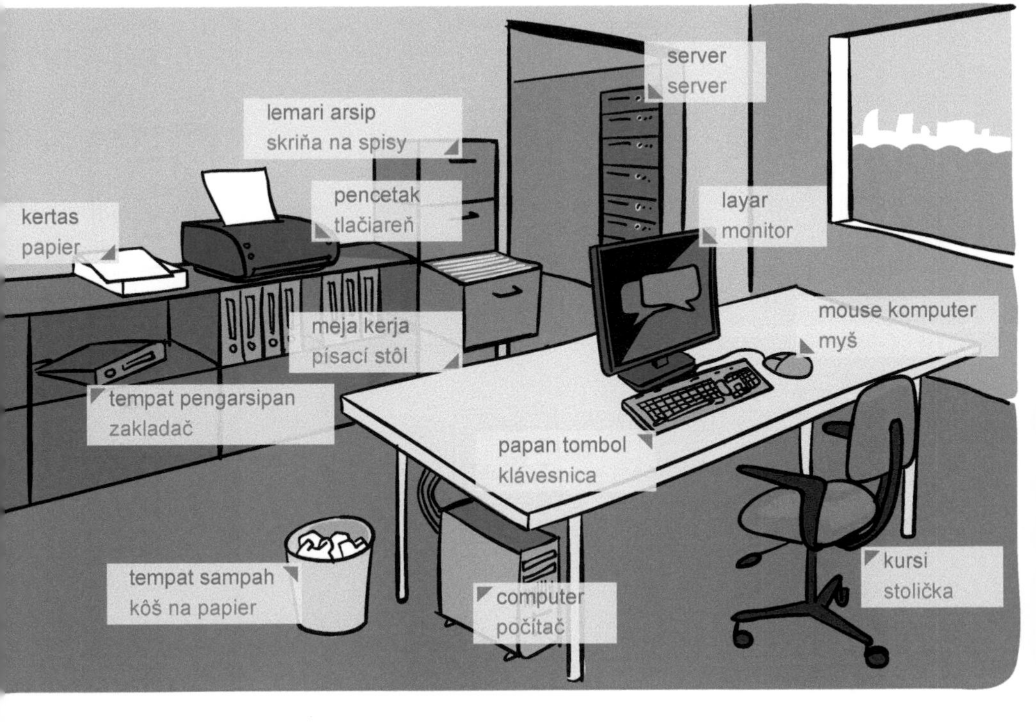

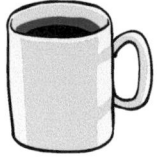

cangkir kopi

hrnček na kávu

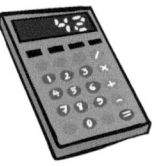

kalkulator

kalkulačka

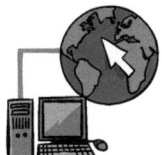

internet

internet

laptop
laptop

surat
list

pesan
správa

telepon seluler
mobil

jaringan
sieť

fotokopi
kopírka

software
softvér

telepon
telefón

plug soket
elektrická zásuvka

mesin fax
fax

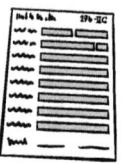

formulir
formulár

dokumen
doklad

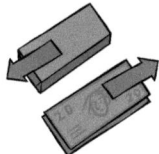

membeli

kúpiť

membayar

platiť

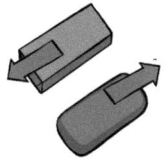

berdagang

obchodovať

uang

peniaze

 **USD**

Dollar

dolár

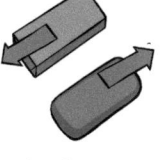 **EUR**

Euro

euro

JPY

Yen

jen

RUB

Rubel

rubeľ

CHF

Franc Swiss

švajčiarsky frank

CNY

Renminbi Yuan

čínsky jüan

INR

Rupiah

rupia

ATM

bankomat

kantor pertukaran mata uang

zmenáreň

emas

zlato

perak

striebro

minyak

ropa

energi

energia

harga

cena

kontrak

zmluva

pajak

daň

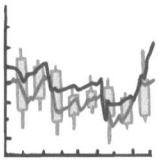

saham

akcia

bekerja

pracovať

karyawan

zamestnanec

majikan

zamestnávateľ

pabrik

továreň

toko

obchod

pekerjaan
povolania

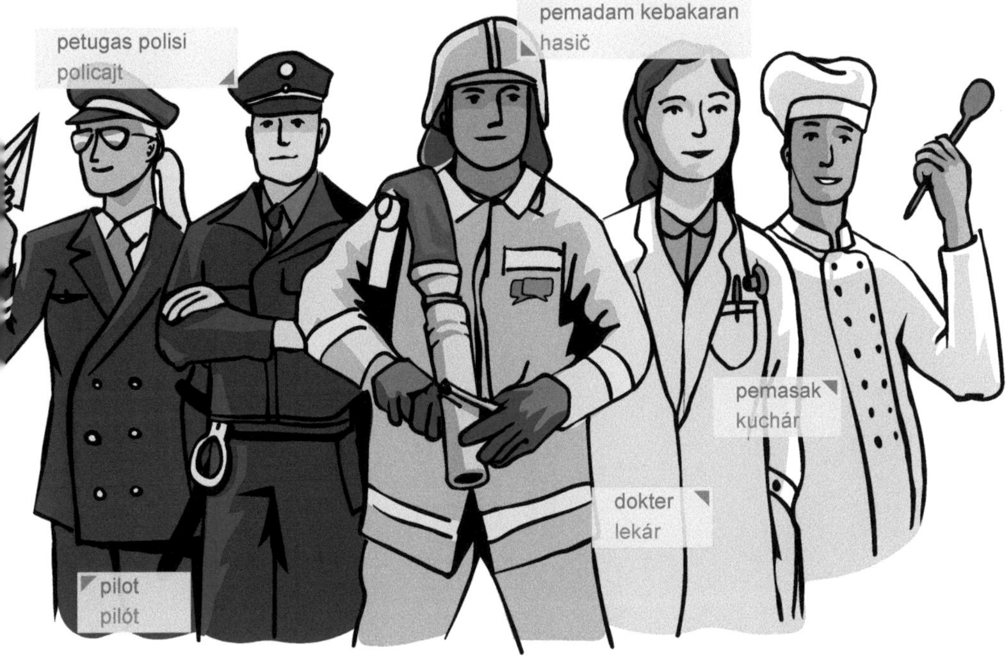

petugas polisi
policajt
pemadam kebakaran
hasič
pemasak
kuchár
dokter
lekár
pilot
pilót

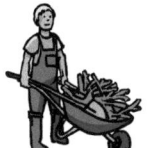

tukan kebun

záhradník

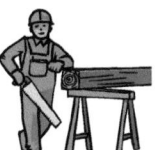

tukang kayu

stolár

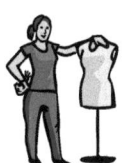

penjahit wanita

krajčírka

hakim

sudca

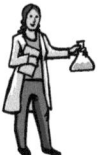

ahli kimia

chemik

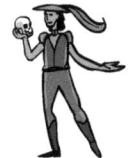

aktor

herec

sopir bis

vodič autobusu

sopir taksi

taxikár

nelayan

rybár

pembantu

upratovačka

tukang atap

pokrývač

pelayan

čašník

pemburu

poľovník

pelukis

maliar

tukang roti

pekár

tukang listrik

elektrikár

pembangun

stavebný robotník

insinyur

inžinier

tukang daging

mäsiar

tukang ledeng

klampiar

tukang pos

poštár

tentara
vojak

arsitek
architekt

kasir
pokladník

penjual bunga
kvetinár

penata rambut
kaderník

konduktor
sprievodca

montir
mechanik

kapten
kapitán

dokter gigi
zubár

ilmuwan
vedec

rabbi
rabín

imam
imám

biarawan
mních

pendeta
farár

pekerjaan - povolania

alat
náradie

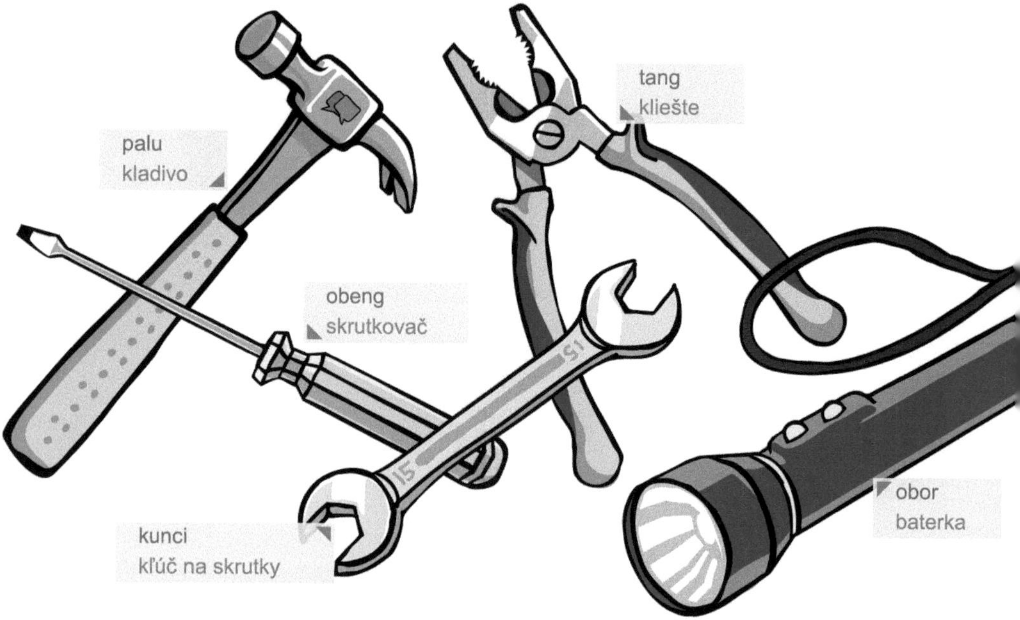

palu
kladivo
tang
kliešte
obeng
skrutkovač
kunci
kľúč na skrutky
obor
baterka

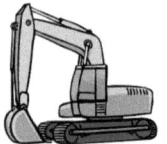

penggali

bager

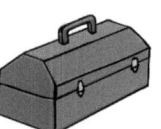

tas perkakas

súprava náradia

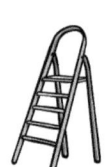

tangga

rebrík

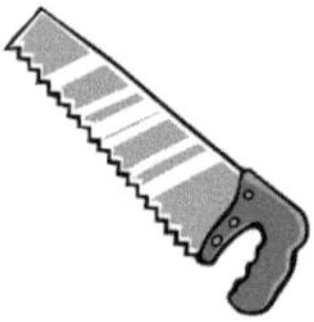

gergaji

pílka

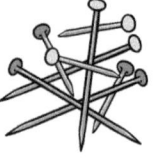

paku

klince

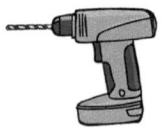

bor

vrták

perbaikan

opraviť

sekop

lopata

Sialan!

Do čerta!

cikrak

lopatka na smeti

pot cat

nádoba s farbou

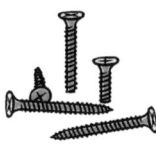

sekrup

skrutky

alat musik

hudobné nástroje

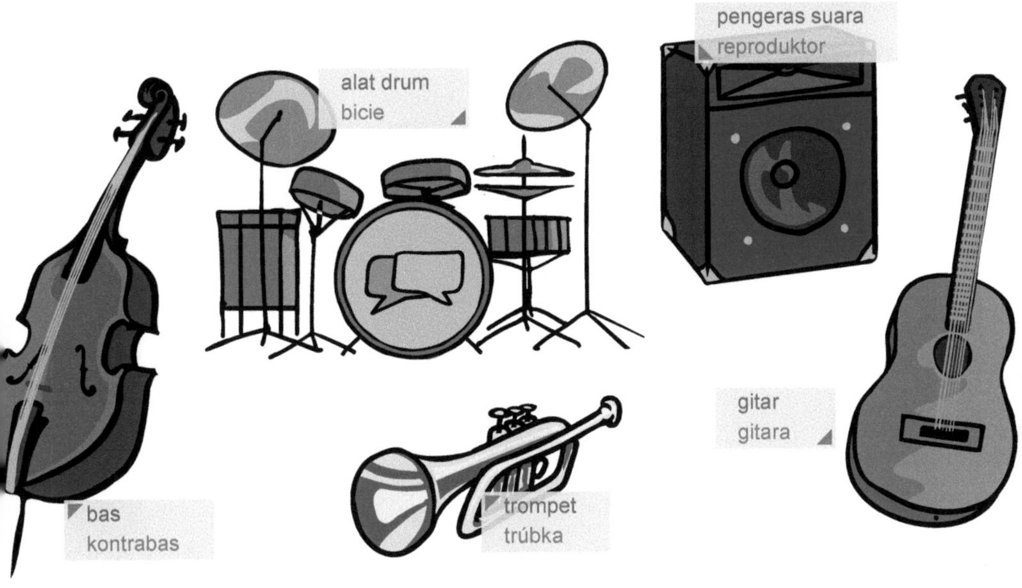

alat drum
bicie

pengeras suara
reproduktor

gitar
gitara

bas
kontrabas

trompet
trúbka

piano
klavír

violin
husle

bass
basa

tambur
tympany

drum
bubon

keyboard
klávesnica

saksofon
saxofón

suling
flauta

mikrofon
mikrofón

alat musik - hudobné nástroje

kebun binatang
ZOO

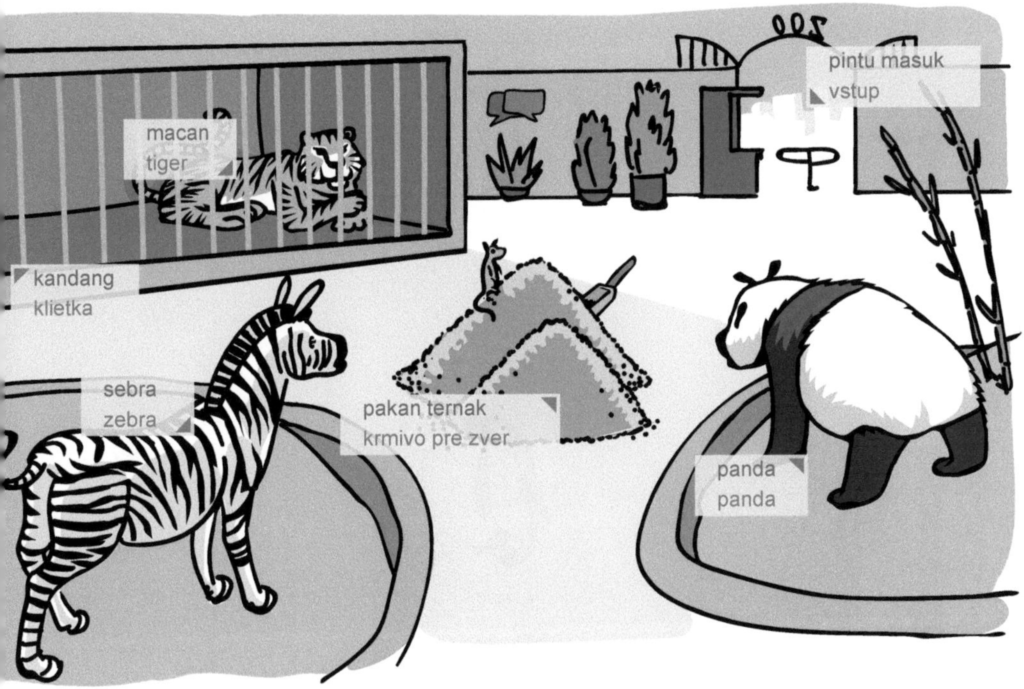
pintu masuk
vstup
macan
tiger
kandang
klietka
sebra
zebra
pakan ternak
krmivo pre zver
panda
panda

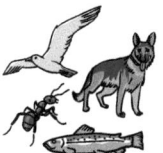

hewan

zvieratá

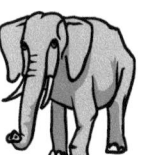

gajah

slon

kanguru

klokan

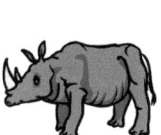

badak

nosorožec

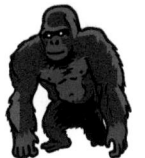

gorila

gorila

beruang

medveď

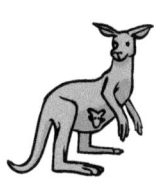

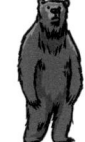

unta

ťava

burung unta

pštros

singa

lev

monyet

opica

flamingo

plameniak

burung beo

papagáj

beruang polar

ľadový medveď

penguin

tučniak

hiu

žralok

merak

páv

ular

had

buaya

krokodíl

penjaga kebun binatang

ošetrovateľ v ZOO

segel

tuleň

jaguar

jaguár

kuda poni

poník

macan tutul

leopard

kuda nil

hroch

jerapah

žirafa

burung elang

orol

babi jantan

diviak

ikan

ryba

kura-kura

korytnačka

anjing laut

mrož

rubah

líška

kijang

gazela

american football
americký futbal

naik sepeda
cyklistika

tennis
tenis

basketbal
basketbal

bernang
plávanie

tinju
box

hoki es
hokej

sepak bola
....
futbal

badminton
....
bedminton

atletik
....
ľahká atletika

bola tangan
....
hádzaná

main ski
....
lyžovanie

polo
....
pólo

meloncat
kočiť

ketawa
smiať sa

memeluk
objať

menyanyi
spievať

berjalan
chodiť

berdoa
modliť sa

mencium
pobozkať

mengimpi
snívať

menulis

písať

melukis

kresliť

menunjuk

ukázať

mendorong

tlačiť

memberikan

dať

mengambil

brať

mempunyai

mať

melakukan

robiť

adalah

byť

berdiri

stáť

berlari

bežať

menarik

ťahať

melempar

hádzať

jatuh

padnúť

tidur

ležať

menunggu

čakať

membawa

nosiť

duduk

sedieť

berpakaian

obliecť sa

tidur

spať

bangun

zobudiť sa

melihat
pozerať

menangis
plakať

mengelus
hladkať

menyisir
česať

berbicara
hovoriť

mengerti
rozumieť

menanyak
pýtať sa

mendengar
počuť

minum
piť

makan
jesť

merapikan
upratať

cinta
milovať

memasak
variť

menyetir
jazdiť

terbang
letieť

aktivitas - aktivity

berlayar

plachtiť

menghitung

počítať

membaca

čítať

belajar

učiť sa

bekerja

pracovať

menikah

oženiť

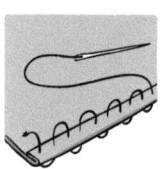

menjahit

šiť

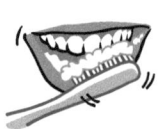

sikat gigi

čistiť zuby

membunuh

zabiť

merokok

fajčiť

kirim

poslať

keluarga
rodina

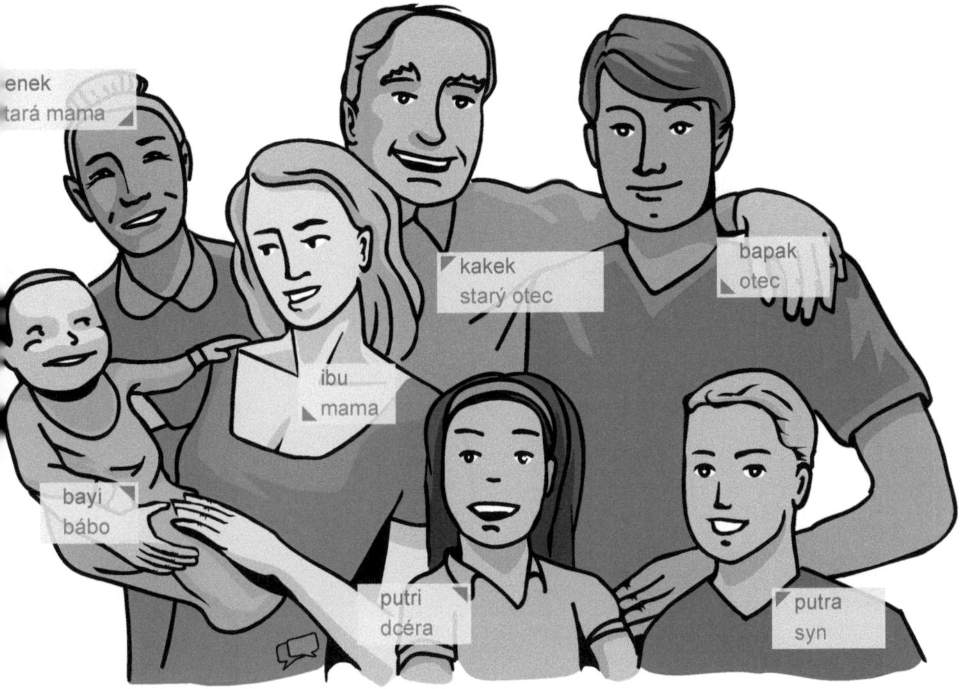

enek
tará mama
kakek
starý otec
bapak
otec
ibu
mama
bayi
bábo
putri
dcéra
putra
syn

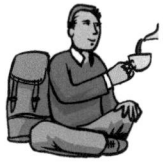

tamu
hosť

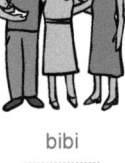

bibi
teta

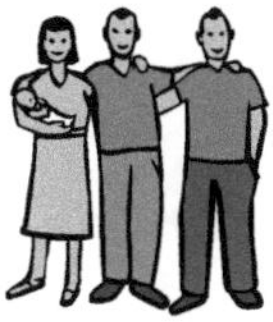

paman
strýko

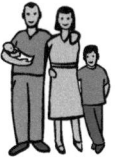

kakak laki
brat

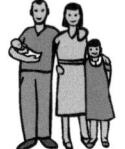

kakak perempuan
sestra

badan
telo

dahi
čelo
mata
oko
bahu
plece
jari
prst
muka
tvár
dagu
brada
tangan
ruka
kaki
noha
payudara
hrud'
lengan
rameno

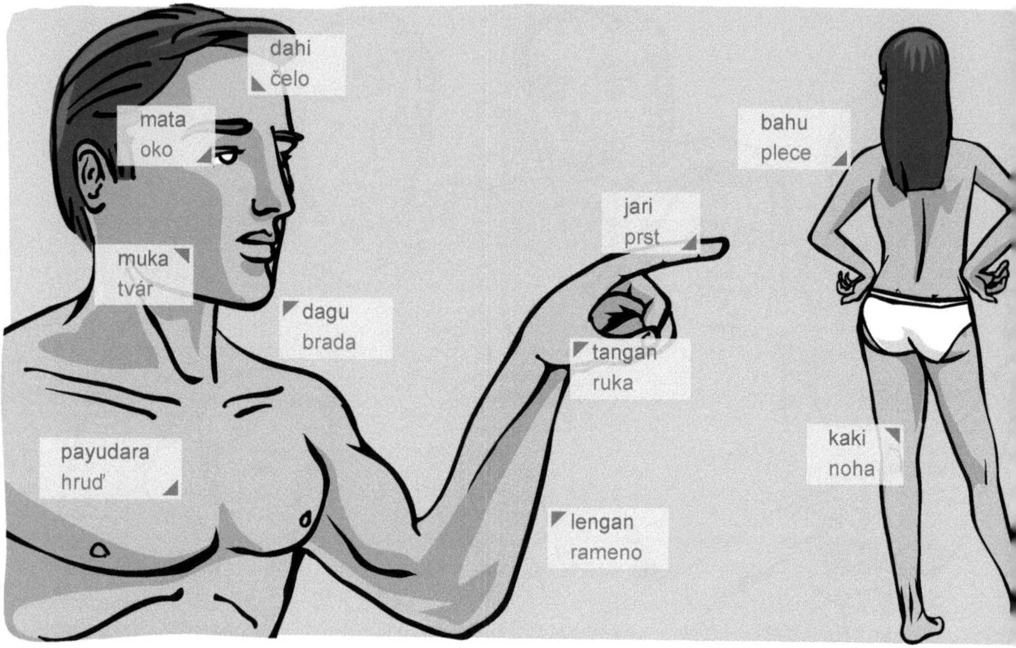

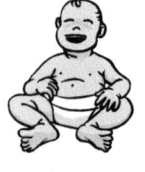

bayi
bábo

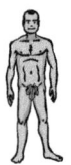

pria
muž

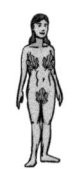

wanita
žena

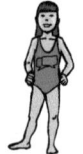

perempuan
dievča

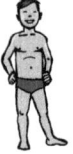

laki
chlapec

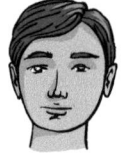

kepala
hlava

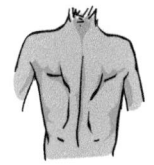

punggung

chrbát

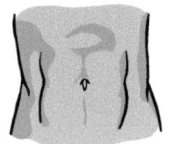

perut

brucho

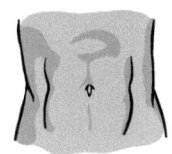

pusar

pupok

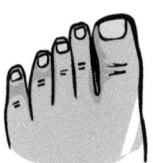

toe

prst na nohe

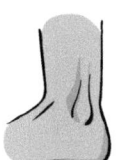

tumit

päta

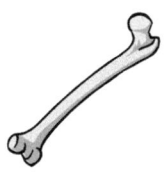

tulang

kosť

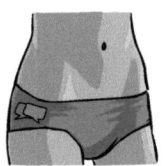

pinggang

bok

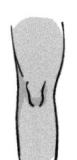

lutut

koleno

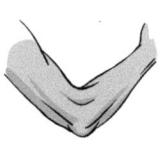

siku

lakeť

hidung

nos

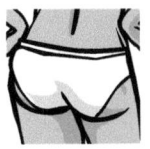

pantat

zadok

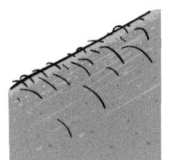

kulit

koža

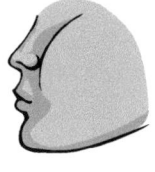

pipi

líce

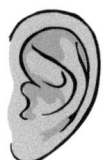

telinga

ucho

bibir

pery

badan - telo

mulut
ústa

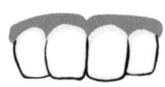

gigi
zub

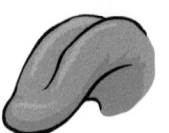

lidah
jazyk

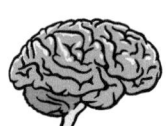

otak
mozog

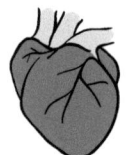

jantung
srdce

otot
svaly

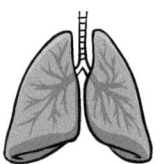

paru-paru
pľúca

hati
pečeň

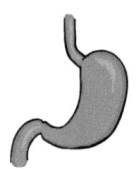

stomach
žalúdok

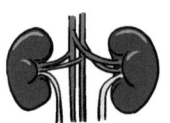

ginjal
obličky

hubungan seks
pohlavný styk

kondom
kondóm

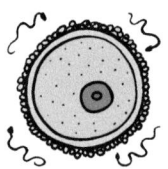

sel telur
vaječná bunka

sperma
semeno

kehamilan
tehotenstvo

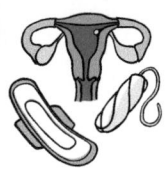

menstruasi

menštruácia

vagina

vagína

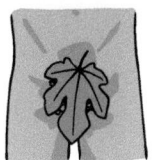

penis

penis

alis

obočie

rambut

vlasy

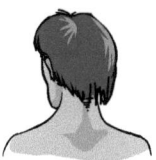

leher

krk

rumah sakit
nemocnica

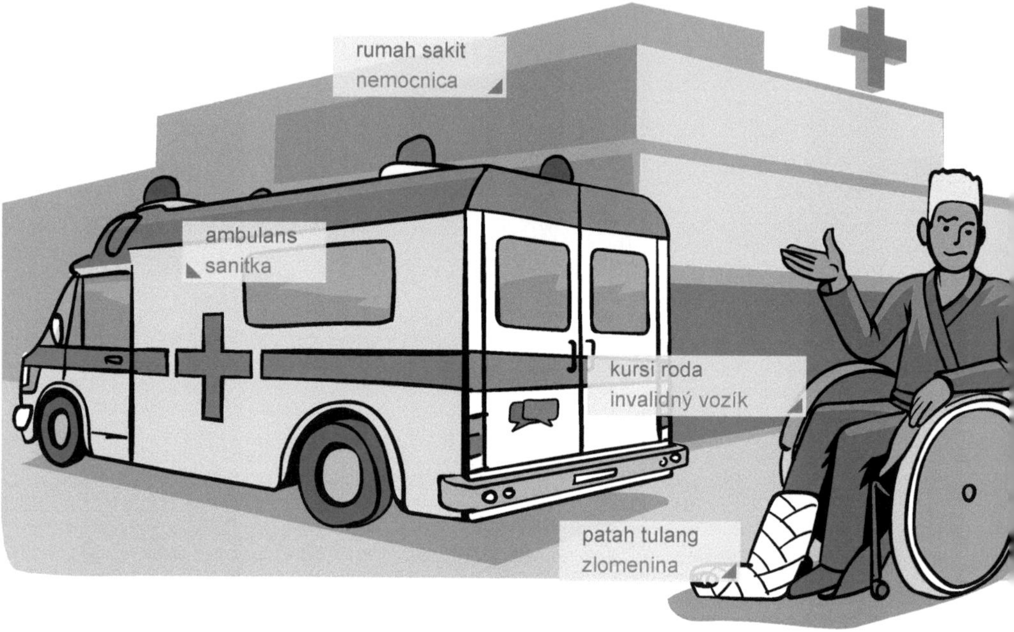

rumah sakit
nemocnica
ambulans
sanitka
kursi roda
invalidný vozík
patah tulang
zlomenina

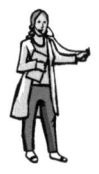

dokter
lekár

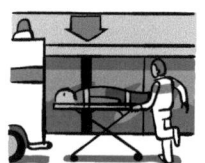

ruang darurat
urgentný príjem

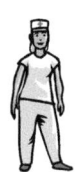

perawat
sestrička

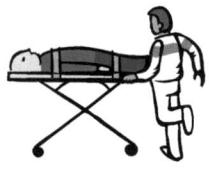

darurat
urgentný prípad

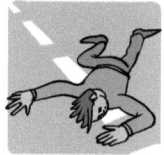

semaput
v bezvedomí

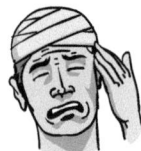

sakit
bolesť

cedera
zranenie

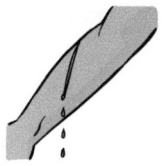

perdarahan
krvácanie

serangan jantung
srdcový infarkt

stroke
mozgová porážka

alergi
alergia

batuk
kašeľ

demam
teplota

flu
chrípka

diare
hnačka

sakit kepala
bolesť hlavy

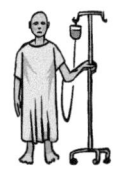

kanker
rakovina

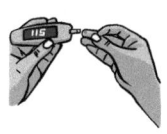

diabetes
cukrovka

ahli bedah
chirurg

pisau bedah
skalpel

operasi
operácia

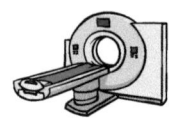

CT
CT

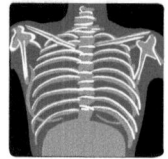

sinar x
RTG

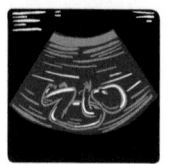

usg
ultrazvuk

topeng
maska

penyakit
choroba

ruang tunggu
čakáreň

penyokong
barla

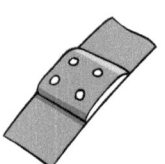

plester
náplasť

perban
obväz

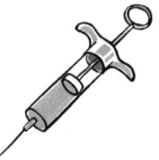

injeksi
injekcia

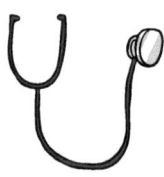

stetoskop
fonendoskop

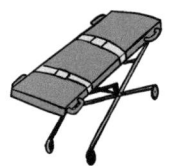

usungan
nosidlá

termometer klinis
teplomer

kelahiran
pôrod

kelebihan berat badan
nadváha

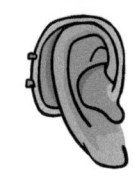

alat pendengar

audiofón

desinfektan

dezinfekčný prostriedok

infeksi

infekcia

virus

vírus

HIV / AIDS

HIV / AIDS

obat

medicína

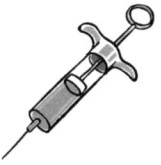

vaksinasi

očkovanie

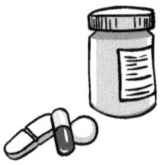

tablet

tabletky

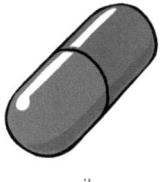

pil

antikoncepčná pilulka

panggilan darurat

tiesňové volanie

ukur tekanan darah

tlakomer

sakit / sehat

chorý / zdravý

Tolong! Pomoc!	 alarm alarm	 penyerbuan prepad
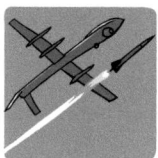 serangan útok	 bahaya nebezpečenstvo	 pintu darurat núdzový východ
  Api! Horí!	 alat pemadam kebakaran hasičský prístroj	 kecelakaan nehoda
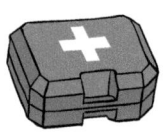 kit pertolongan pertama kufrík prvej pomoci	 SOS SOS	 polisi polícia

Eropa

Európa

Amerika Utara

Severná Amerika

Amerika Selatan

Južná Amerika

Afrika

Afrika

Asia

Ázia

Australi

Austrália

Atlantik

Atlantický oceán

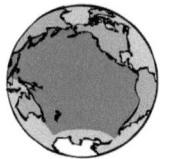

Pasifik

Tichý oceán

Samudra India

Indický oceán

Samudra Antartika

Južný oceán

Samudra Arktik

Severný ľadový oceán

kutub utara

Severný pól

kutub selatan

Južný pól

Antarktika

Antarktída

bumi

Zem

tanah

krajina

laut

more

pulau

ostrov

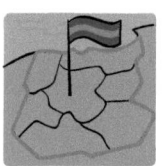

bangsa

národ

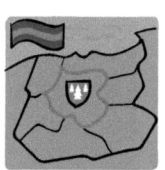

negara

štát

jam wajah

ciferník

jarum pendek

hodinová ručička

jarum menit

minútová ručička

jarum detik

sekundová ručička

Jam berapa?

Koľko je hodín?

hari

deň

waktu

čas

sekarang

teraz

jam digital

digitálne hodiny

menit

minúta

jam

hodina

minggu
týždeň

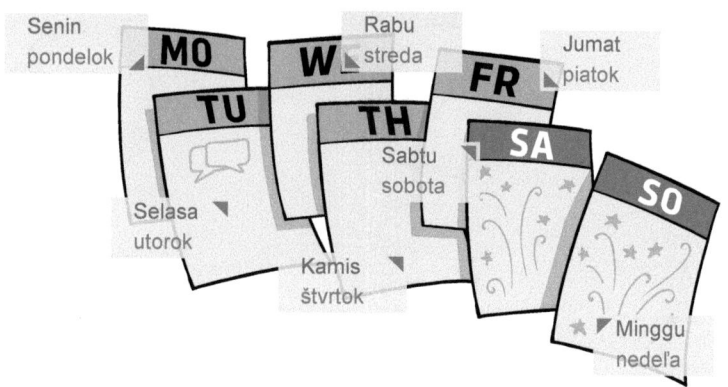

Senin
pondelok

Rabu
streda

Jumat
piatok

Selasa
utorok

Sabtu
sobota

Kamis
štvrtok

Minggu
nedeľa

kemaren
....
včera

hari ini
....
dnes

besok
....
zajtra

pagi
....
ráno

siang
....
poludnie

malam
....
večer

hari kerja
....
pracovné dni

akhir minggu
....
víkend

hujan
dážď

pelangi
dúha

angin
vietor

salju
sneh

musim semi
jar

musim panas
leto

musim gugur
jeseň

musim dingin
zima

4.APRIL	11°	☀
5.APRIL	4°	
6.APRIL	13°	
7.APRIL	8°	☀
8.APRIL	10°	☀

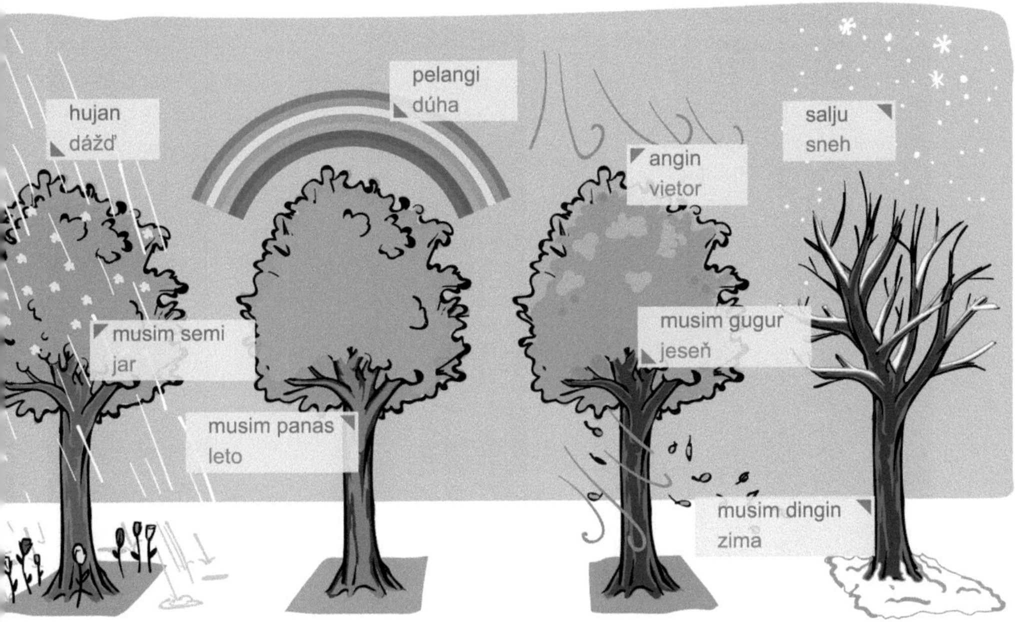

ramalan cuaca
predpoveď počasia

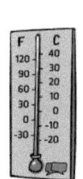

termometer
teplomer

matahari
slnečný svit

awan
oblak

kabut
hmla

kelembahan
vlhkosť vzduchu

kilat

blesk

guntur

hrom

badai

búrka

hujan es

krúpy

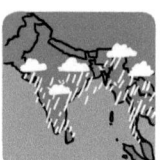

monsun

monzún

banjir

záplava

es

ľad

Januari

január

Februari

február

Maret

marec

April

apríl

Mei

máj

Juni

jún

Juli

júl

Agustus

august

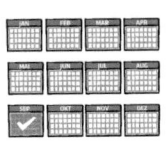 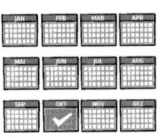 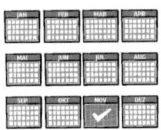

September
september

Oktober
október

November
november

Desember
december

bentuk
tvary

lingkaran
kruh

persegi
štvorec

persegi panjang
obdĺžnik

segi tiga
trojuholník

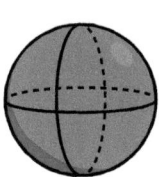

bola
guľa

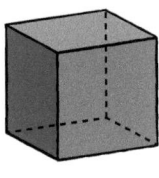

kubus
kocka

putih

biela

kuning

žltá

oranye

oranžová

pink

ružová

merah

červená

ungu

fialová

biru

modrá

hijau

zelená

coklat

hnedá

abu-abu

šedá

hitam

čierna

banyak / sedikit

veľa / málo

marah / tenang

zúrivý / pokojný

cantik / jelek

pekný / škaredý

mulaih / selesai

začiatok / koniec

besar / kecil

veľký / malý

terang / gelap

svetlý / tmavý

dara laki-laki / saudara perempuan

brat / sestra

bersih / kotor

čistý / špinavý

lengkap / tidak lengkap

úplný / neúplný

hari / malam

deň / noc

mati / hidup

mŕtvy / živý

luas / sempit

široký / úzky

dapat dimakan / tidak dapat dimakan
....
chutný / nechutný

jahat / baik
....
zlostný / láskavý

bersemangat / bosan
....
vzrušený / unudený

gemuk / kurus
....
tlstý / chudý

pertama / terakhir
....
prvý / posledný

teman / musuh
....
priateľ / nepriateľ

penuh / kosong
....
plný / prázdny

keras / lembut
....
tvrdý / mäkký

berat / enteng
....
ťažký / ľahký

lapar / haus
....
hlad / smäd

sakit / sehat
....
chorý / zdravý

ilegal / legal
....
nelegálny / legálny

cerdas / bodoh
....
inteligentný / hlúpy

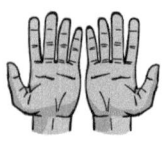

kiri / kanan
....
vľavo / vpravo

dekat / jauh
....
blízko / ďaleko

baru / bekas

nový / použitý

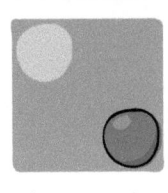

tidak ada apapun / sesuatu

nič / niečo

tua / muda

starý / mladý

nyala / mati

zapnuté / vypnuté

buka / tutup

otvorené / zatvorené

tenang / keras

tichý / hlasný

kaya / miskin

bohatý / chudobný

benar / salah

správne / nesprávne

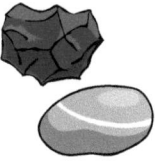

kasar / halus

drsný / hladký

sedih / gembira

smutný / šťastný

pendek / panjang

krátky / dlhý

pelan-pelan / cepat

pomaly / rýchlo

basah / kering

mokrý / suchý

hangat / sejuk

teplý / studený

perang / damai

vojna / mier

berlawanan - protiklady

0	**1**	**2**
nol	satu	dua
nula	jeden	dva

3	**4**	**5**
tiga	empat	lima
tri	štyri	päť

6	**7**	**8**
enam	tujuh	delapan
šesť	sedem	osem

9	**10**	**11**
sembilan	sepuluh	sebelas
deväť	desať	jedenásť

12

duabelas

dvanásť

13

tigabelas

trinásť

14

empatbelas

štrnásť

15

limabelas

pätnásť

16

enambelas

šestnásť

17

tujuhbelas

sedemnásť

18

delapanbelas

osemnásť

19

sembilanbelas

devätnásť

20

duapuluh

dvadsať

100

seratus

sto

1.000

seribu

tisíc

1.000.000

juta

milión

Inggris	bahasa Inggris Amerika	bahasa Cina Mandarin
angličtina	americká angličtina	mandarínska čínština

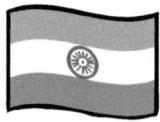 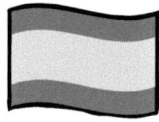 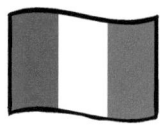

bahasa Hindi	bahasa Spanyol	bahasa Perancis
hindčina	španielčina	francúzština

 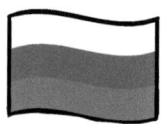 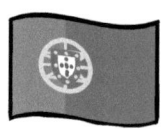

bahasa Arab	bahasa Rusia	bahasa Portugis
arabčina	ruština	portugalčina

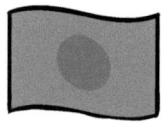 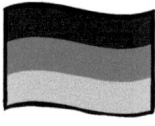 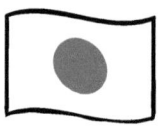

bahasa Bengal	bahasa Jerman	bahasa Jepang
bengálčina	nemčina	japončina

saya

ja

kamu

ty

dia

on/ona/ono

kita

my

kalian

vy

mereka

oni

siapa?

kto?

apa?

čo?

begaimana?

ako?

dimana?

kde?

kapan?

kedy?

nama

meno

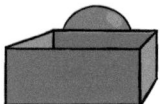

dibelakang

za

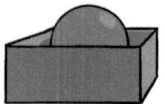

di

v

didepan

pred

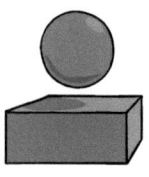

diatas

nad

diatas

na

dibawah

pod

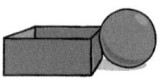

sebelah

vedľa

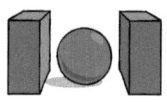

di antara

medzi

tempat

miesto